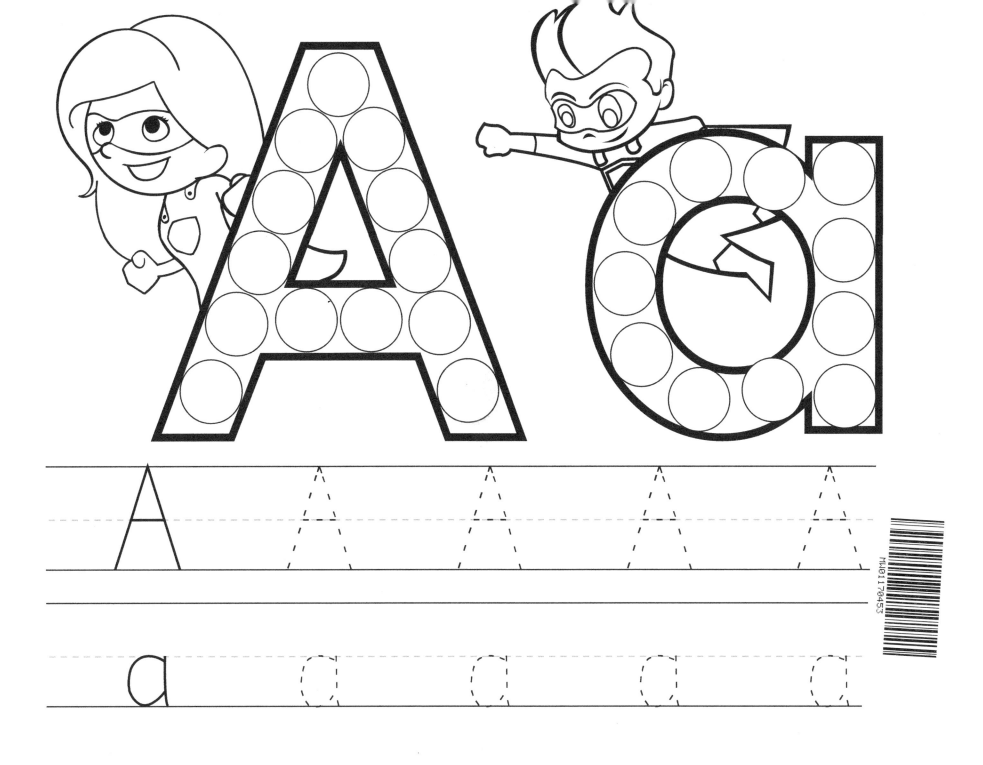

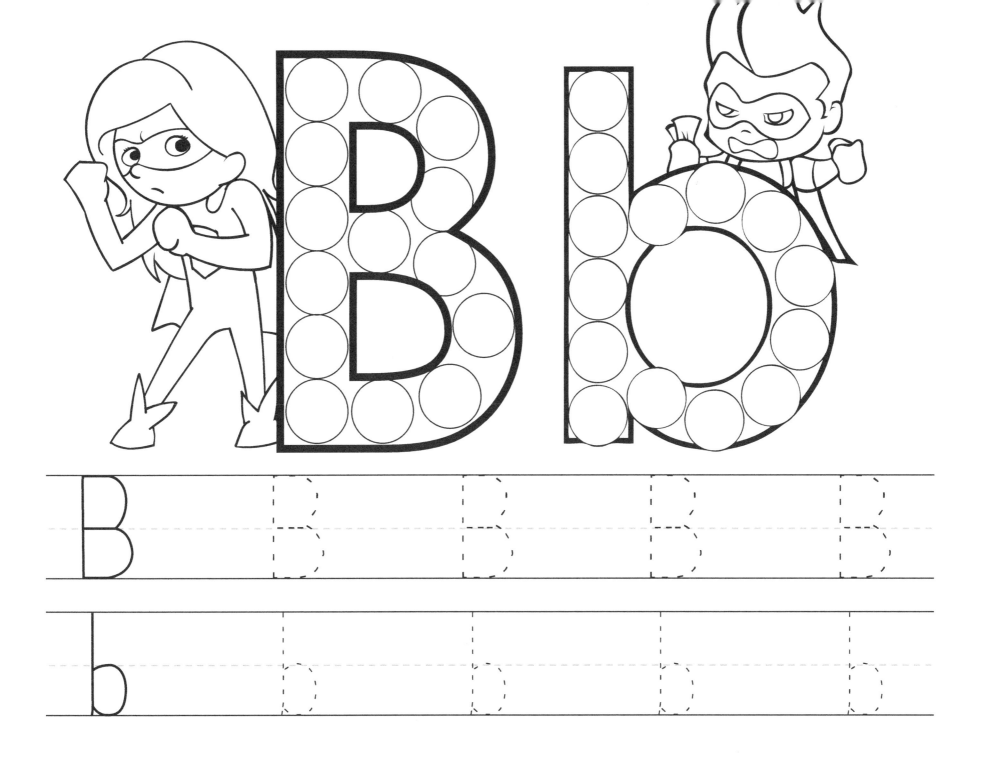

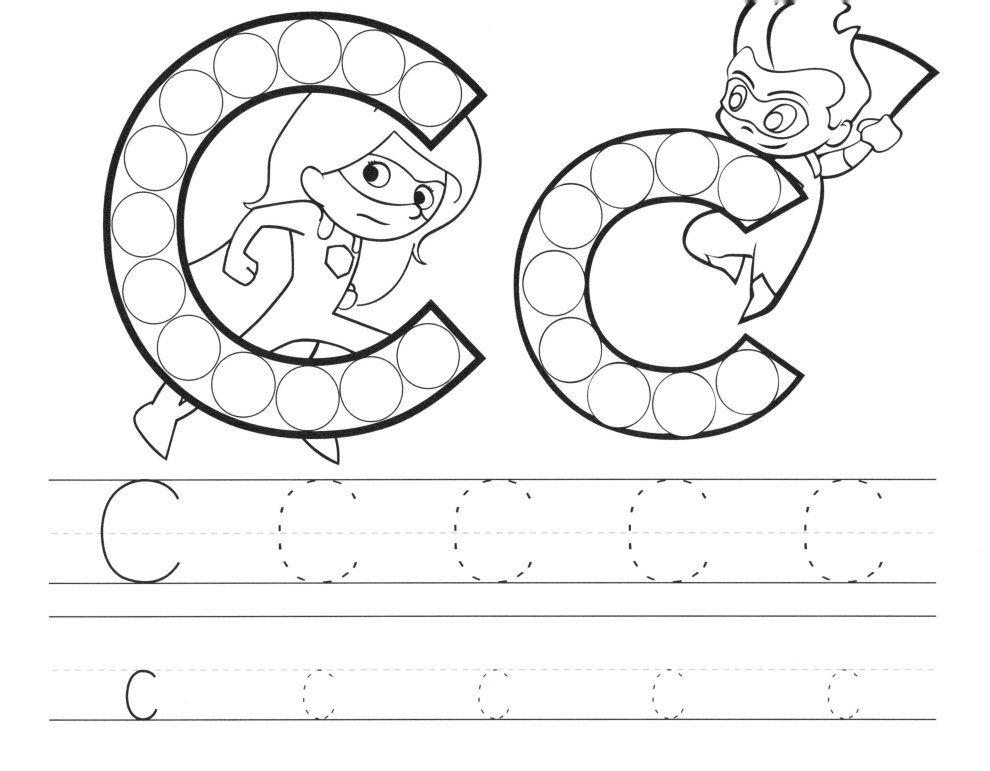

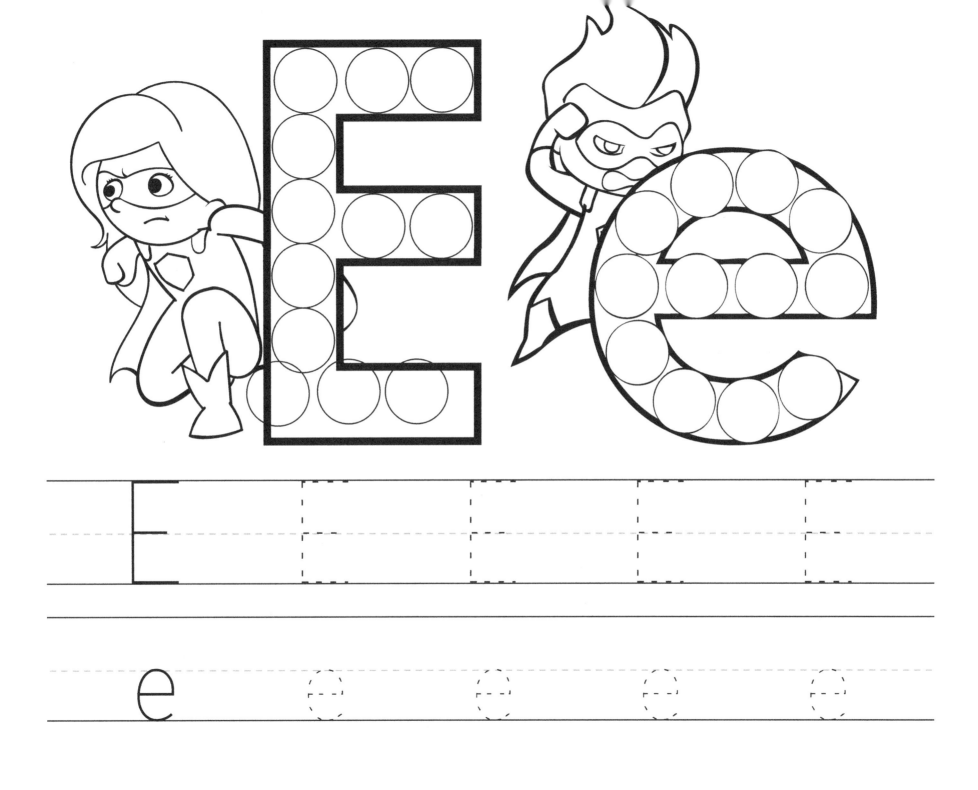

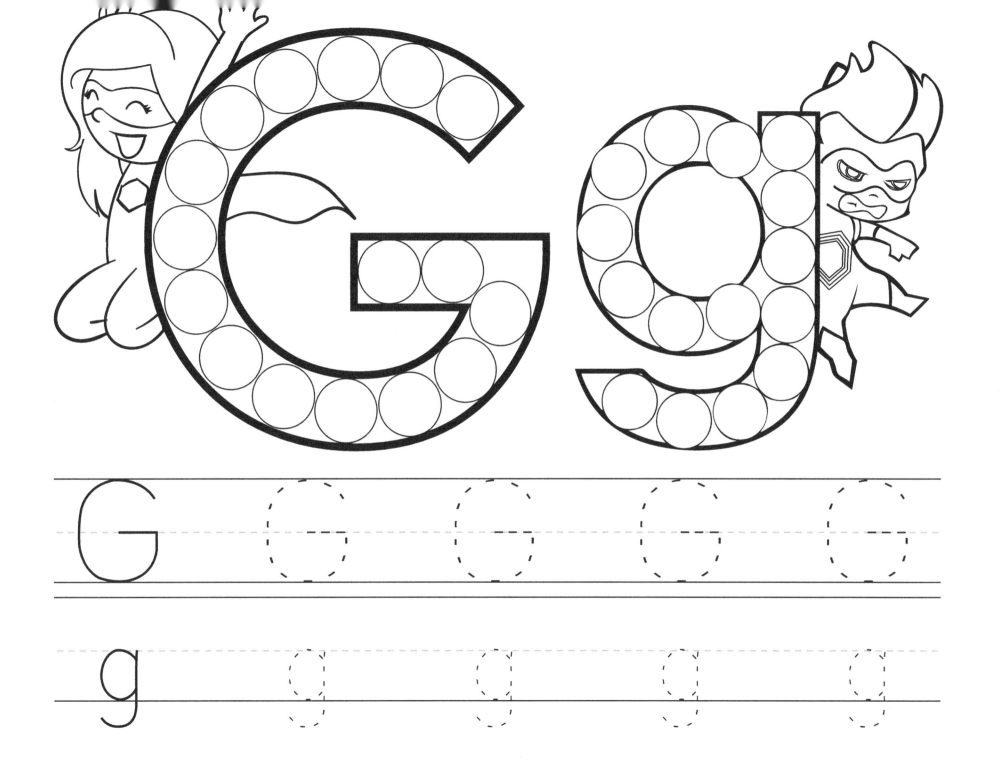

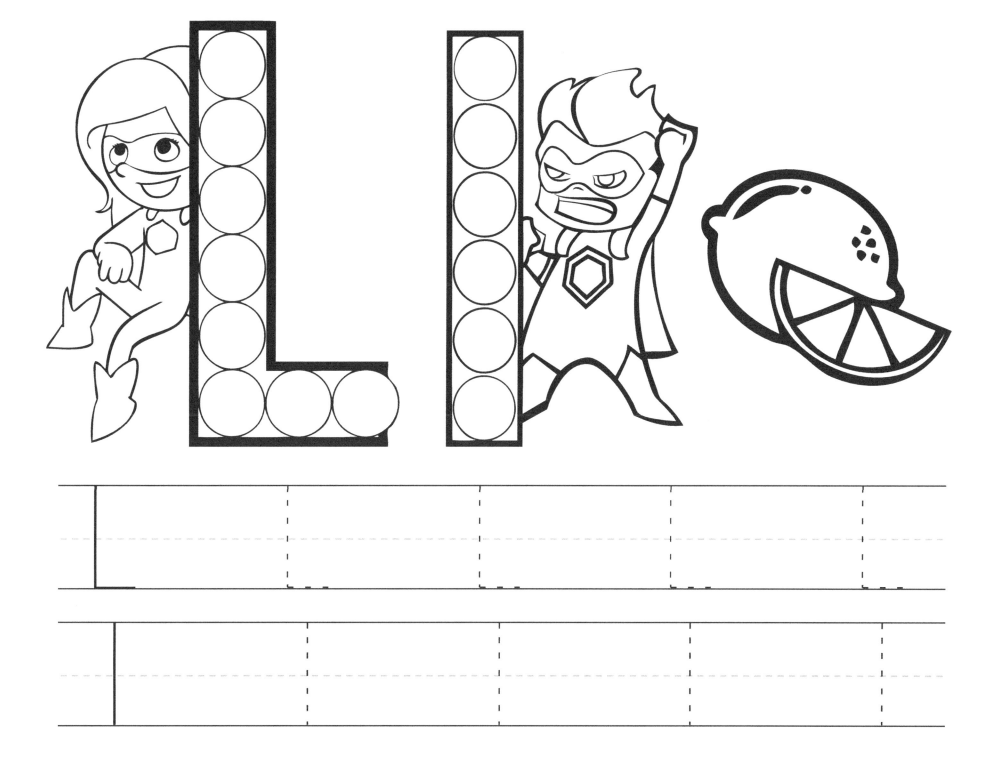

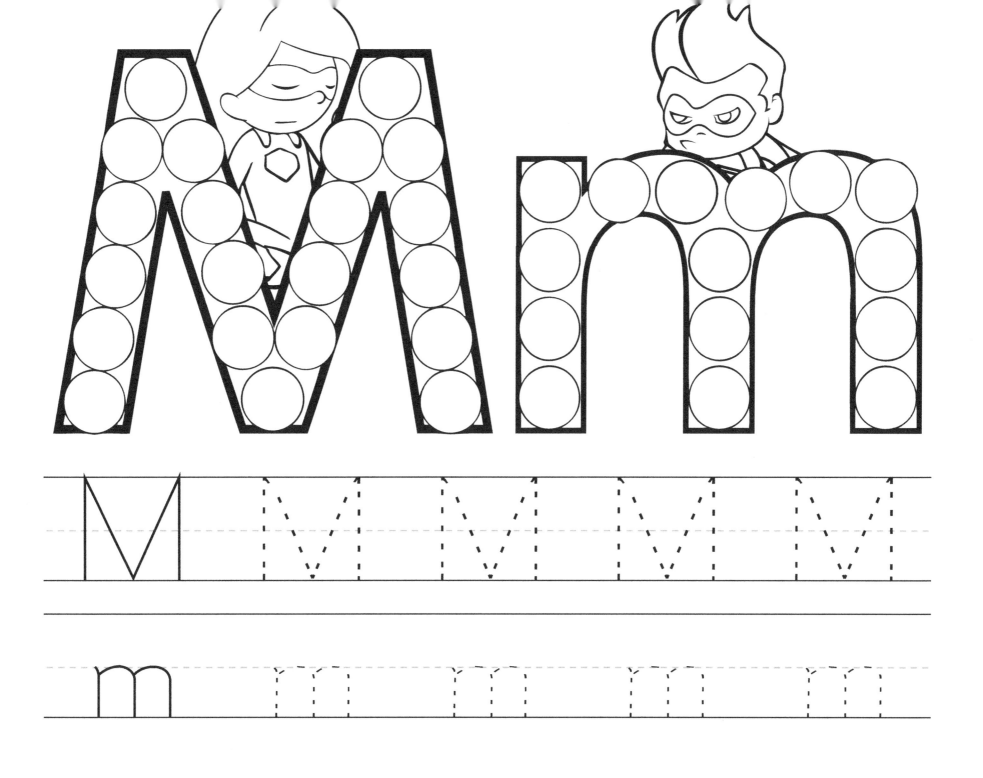

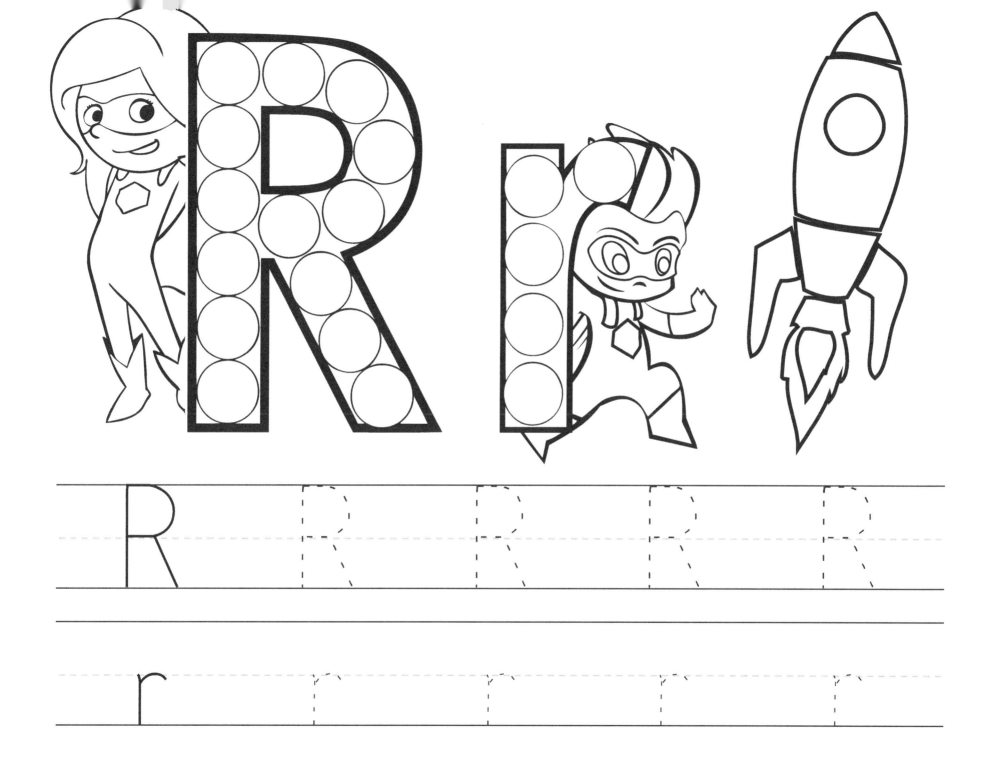

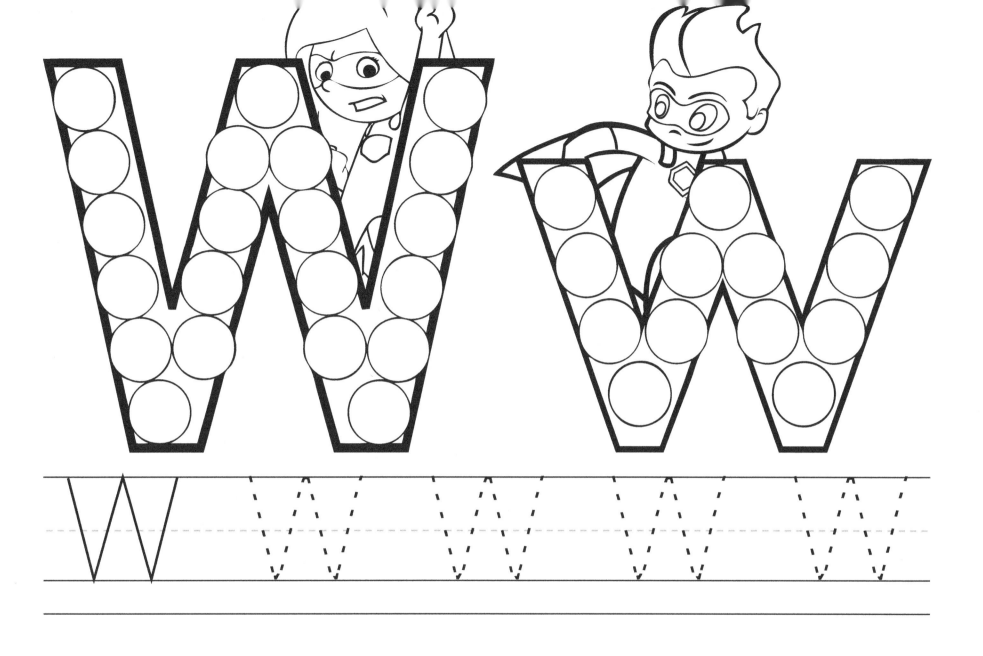

Apple   airplane

A A

A A

A A A A A

A A A A A A A

A A A A A A A

A A A A A A A

A A A A A

A A A

a

a a a

a a a a

a a a a a a a a

a a a

a a

a

Butterfly

B B

B B   B B

B B B B B B B B

B B B B B B B B

B B B B

B B B B B B B B

B B B   B B B

B   B

ball

b b b

b b b b b

b b b b b b b

b b b b b b b

b b b b b b b

b b b b b

b b b

Cake car

C C C C C C
C C C C C C
C C C C C C
C C C C C C

C C C C
C C C C
C C C C C C C C
C C C C C C C C
C C

Doll   duck

D D D D D D D   d d

D D D D D D   d d d

D D D D D   d d d d

D D D   d d   d

D D D D D   d d d d d d

D D D D D   d d d d d d d

D D D D D   d d d d d d d

D   D   d d d d d

Eyemask   elephant

E

E

E E E   E E E   e e e e

E E E E   E e e e e e e

E E E E E   e e e e e e e e

e e e e e e e

E E E E E   e e e

E E E E   e e

Flower   fish

Grapes   guitar

G G G   g g

G G G   g g

G G G G   g

G G G G G G   g g g

G G G G G G   g g g g

G G G G G   g g g g g

G G G G   g g g g

G G G   g g

Heart

helicopter

H H   H H

H H H H H H H

H H H H H H H

H H H H H

H H H

H

h h h h h

h

h h h   h

h h h h h h h h

h h h h h

h h h

h   h

h h h h h

Ice cream   igloo

Jelly bean   jet

J J
J J J J
J J J J
J J J J
J J J J J
J J J J J J
J J J J J
J J J

                    j
                    j
                 j j j
                 j j j
              j j j j j
           j j j j j j j
              j j j j
                 j j   j j

Kitten   kite

K

K   K

K   K   K   K   K   k   k   k

K   K   K   K   K   k   k   k   k   k

K   K   K   K   K   k   k   k   k   k   k   k

K   K   K   K   K   k   k   k

K   K   K   K   k

k

Ladybug   light bulb

L

L L L

L L L

L L L L L L L

L L L L

L L L L L

L L L

L L

l l l

l l l l l

l l l l l

l l l

l l l

l l l

Moon

M M M M
M M M   M
M M M
M M M
M M M
M M M
M M M   M
M M M M

mushroom

m m m
m m m m m
m m m m m m m
m m m
m m m
m m m

Necklace   necktie

N N N

N   N

N   N

N   N

N   N

N   N

N

N N N N N

N

n n n

n

n

n

n n n

n n n

n n n

n

Octopus   orange

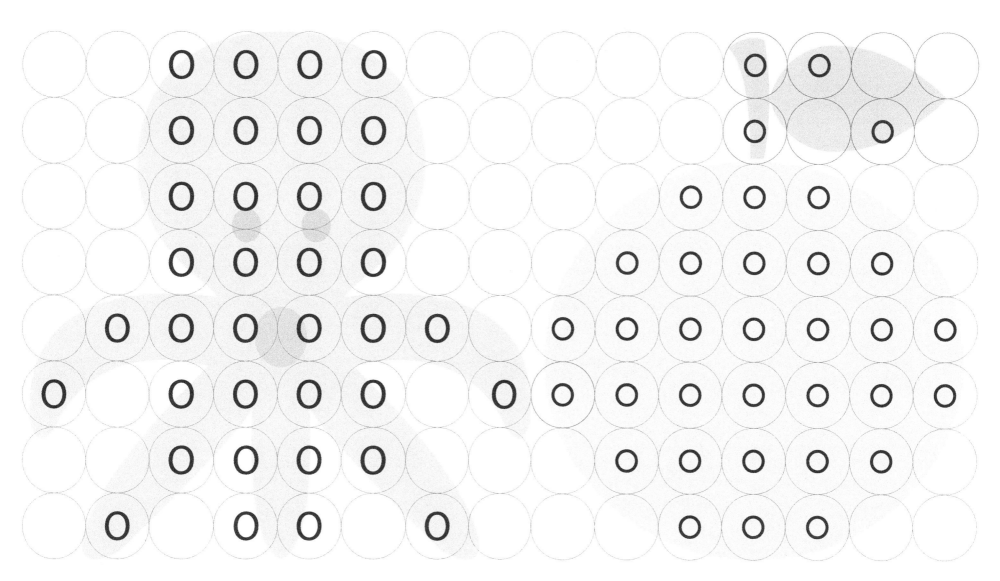

Pear   puzzle

P P
  P P
    P
    P
  P P P
P P P P P
P P P P P
  P P P

                                    p
                            p p p p p
                            p p p p p
                        p p p p p p p
                            p p p p p
                            p p   p p

Quilt question

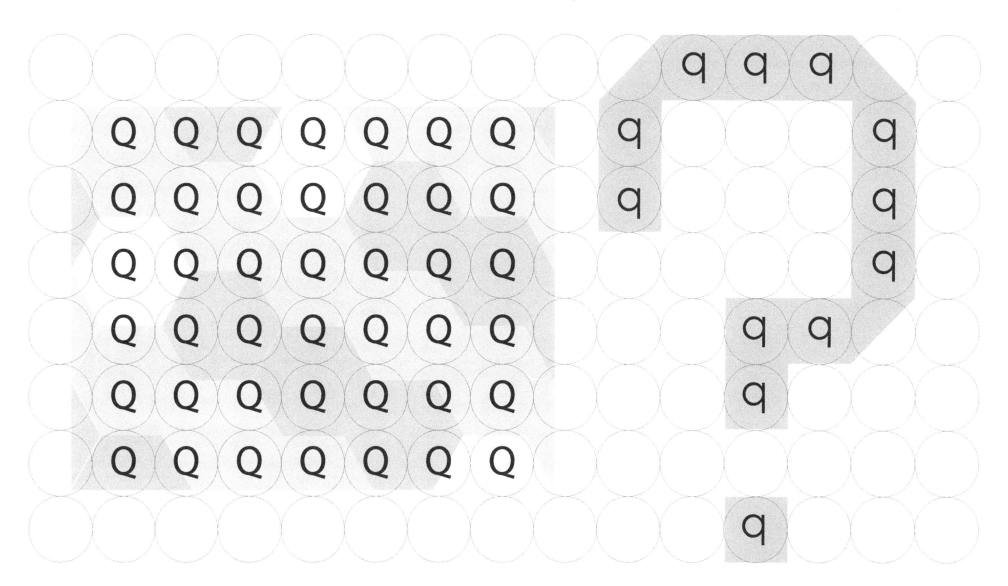

Raspberry   rocket

R R R

R

R R R

R R R R R

R R R R R

R R R R R

R R R

R

r

r r r

r r r

r r r

r r r

r r r

r r r r r

r r r r r

Star   sun

S

S

S S S

S S S S S S S S S S S S S S

S S S S S   S S S

S S S S S   S S S S S

S S   S S   S

S   S   S

Teddy bear   t-rex

T T T T T

T T T T T

T T T

T T T

T T T T T T T

T T T T T

T T T T T

T T T T

Unicorn   ufo

U

U   U

U U U

U U U U U

U U U U U U

U U U U U U U

U U U

U U U

U U U U

U U U U U U U U

U U U U

Violin   van

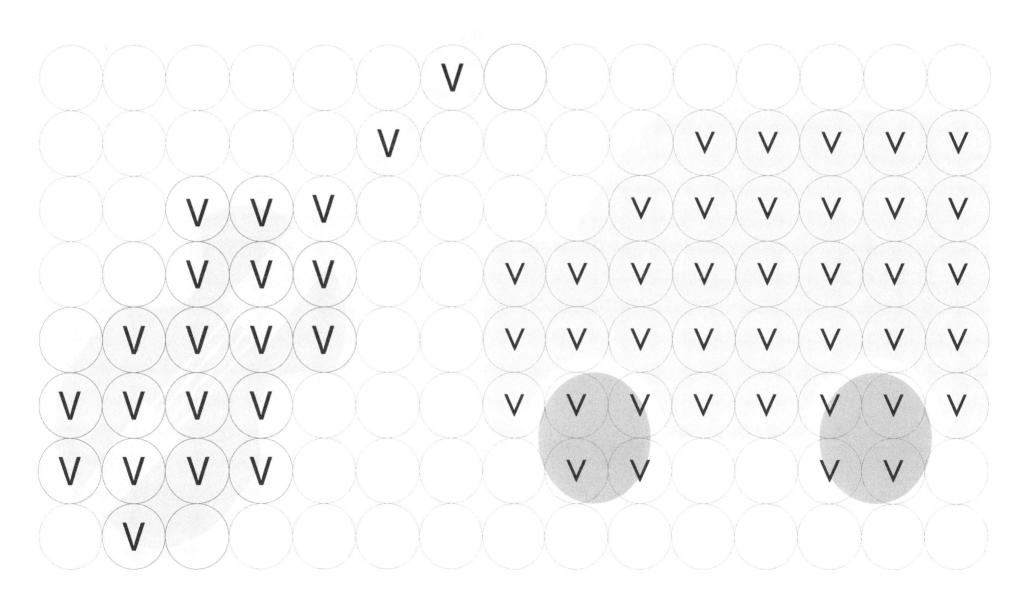

Watermelon   whale

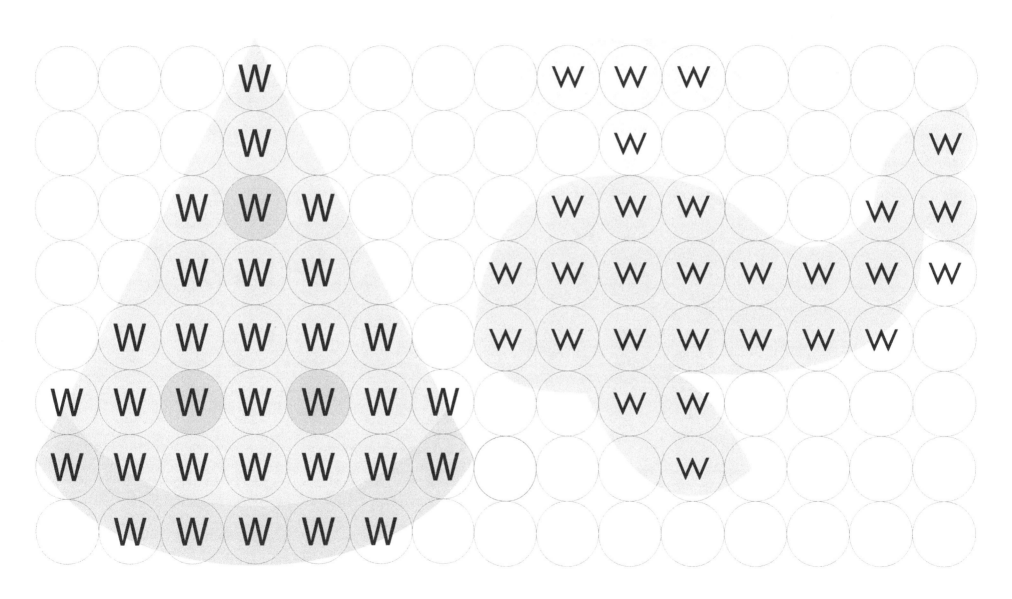

Xylophone   x-ray

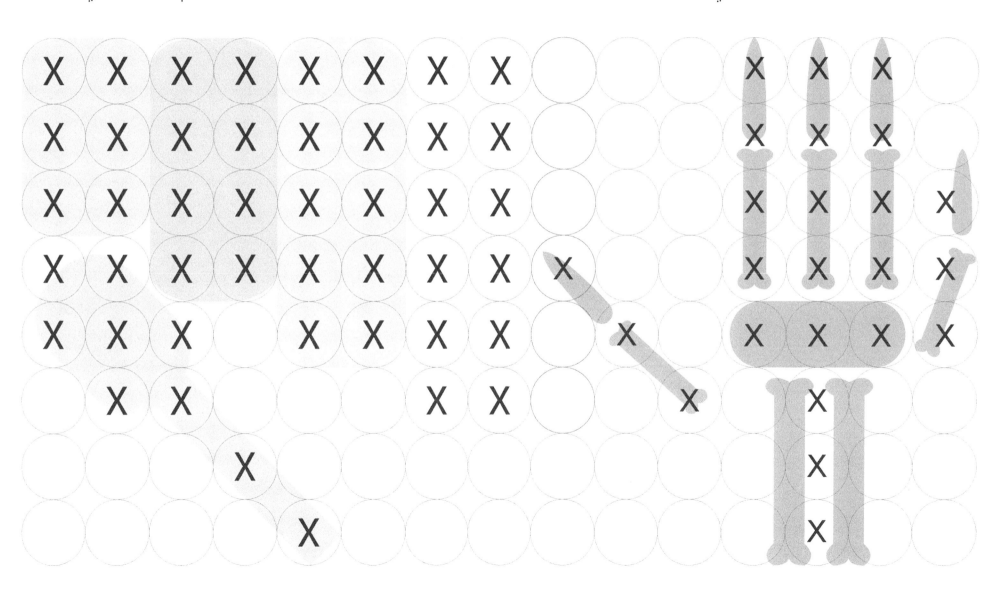

Yarn   yoyo

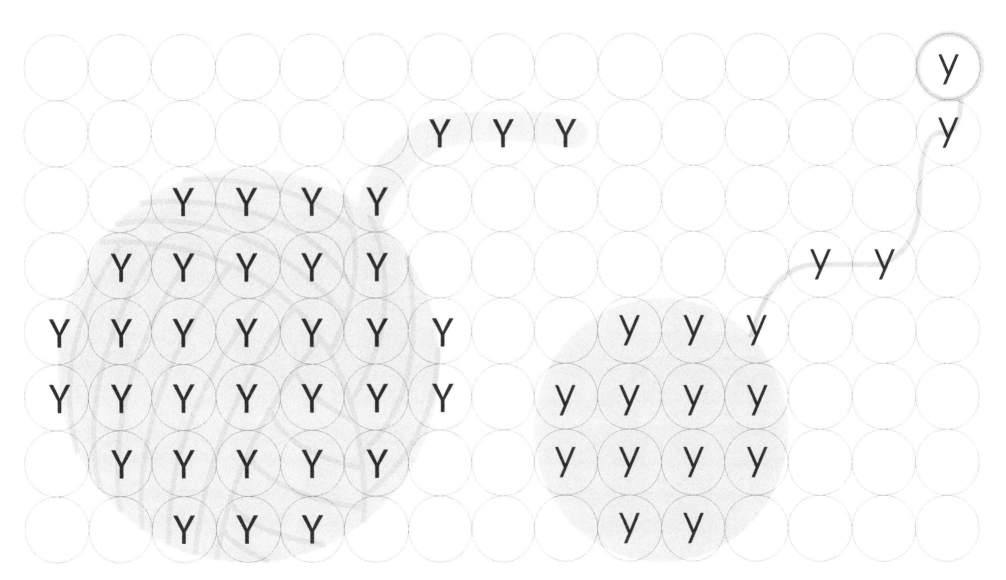

Zap

Z Z Z
Z Z
Z Z
Z Z
Z Z
Z Z
Z
Z

zero

Z Z Z
Z   Z
Z Z   Z Z
Z Z   Z Z
Z Z   Z Z
Z Z   Z Z
Z   Z
Z Z Z